DOTTY
FAIT DES BÊTISES

BIOGRAPHIE

Jenny Dale a grandi dans une ferme des Cornouailles (Angleterre), entourée d'une bande de chiens, petits et grands, gentils et coquins. Aujourd'hui, elle habite toujours à la campagne et consacre ses journées à l'écriture de romans pour les enfants.

ILLUSTRATION DE COUVERTURE
MICHAEL ROWE
ILLUSTRATIONS INTÉRIEURES
ANNIE-CLAUDE MARTIN

Titre original : Teacher's Pet

Publié pour la première fois par Macmillan Children's Books

Loi n°49-956 du 16 juillet 1949 sur les publications destinées à la jeunesse
Dépôt légal avril 2000
ISBN : 2-227-07001-3

SPÉCIAL CHIENS

S.O.S. ANIMAUX

DOTTY FAIT DES BÊTISES

JENNY DALE

TRADUIT DE L'ANGLAIS
PAR FLORENCE MANTRAN

BAYARD POCHE

LES HÉROS
DE CETTE HISTOIRE

Neil Parker a neuf ans, et une passion : les chiens. Il passe tout son temps libre dans le chenil de ses parents et ne manque pas une occasion de porter secours aux chiens qui souffrent.

Emily Parker est la sœur de Neil. Elle l'accompagne dans toutes ses aventures.

Sarah Parker est leur petite sœur. Elle possède un hamster, Caramel.

Bob et **Carole Parker**, les parents de Neil, Émilie et Sarah, dirigent le chenil de King Street.

Sam est le chien de Neil. Ce chien de berger écossais a été recueilli par la famille Parker quelques années plus tôt.

LA FAMILLE PARKER

1

Immobile, le regard vif, les oreilles dressées, le colley noir et blanc fixait le chemin devant lui.

– Qu’est-ce que tu as vu, Sam ? lui demanda Neil Parker.

Le garçon colla sa tête à celle du chien et tenta de découvrir ce qui le captivait.

– Moi, je ne vois rien, déclara sa jeune sœur, Emily, debout derrière eux.

– Attends, l’interrompit brusquement Neil. Regarde, là-bas !

Au bout du sentier venait d'apparaître une femme à bicyclette. Puis ils entendirent un chien aboyer. Soudain, un grand dalmatien surgit derrière elle comme s'il la poursuivait.

– Tu avais raison, Sam, dit Emily. On est fiers de toi, mon toutou ! Tu pourrais apprendre des tas de choses aux chiens que papa garde en pension.

Bob et Carole Parker, les parents de Neil et d'Emily, possédaient le chenil de King Street. Cette pension, qui accueillait aussi les animaux perdus ou abandonnés, se trouvait au milieu de leur propriété, près de la petite ville de Campton. Les chiens faisaient partie de la vie de Neil depuis sa plus tendre enfance ; c'était sa passion. Et il savait que, plus tard, son métier serait de s'occuper de chiens.

Sur le chemin, le dalmatien aboyait furieusement et galopait toujours en direction des enfants. La cycliste lui jetait des regards nerveux et sa bicyclette vacillait. Derrière eux, Neil et Emily aperçurent un homme qui courait en criant :

– Dotty ! Viens ici, ma fille ! Dotty !

Mais le dalmatien n'en faisait qu'à sa tête. Il avait rattrapé la femme à vélo et bondissait à côté d'elle. Quant à Sam, il trépignait d'excitation et d'envie de se joindre à eux.

– Non, Sam ! lui ordonna Neil. Tu restes là !

Le chien obéit aussitôt et vint s'asseoir près de son jeune maître.

Neil reconnut alors Mme Smedley, la marchande de journaux de Campton. Elle paraissait terrifiée.

– Ne vous inquiétez pas, Mme Smedley ! lui cria l'homme. Les dalmatiens sont très joueurs ! Si vous vous arrêtez, elle s'arrêtera, elle aussi !

– J'espère que vous avez raison, lui répondit-elle avant de stopper son vélo tout près de Neil.

Elle jeta un coup d'œil anxieux derrière elle. La chienne s'était figée et la fixait d'un regard vif. Sa langue rose pendait d'un côté de sa gueule et sa queue remuait.

– Dotty, viens ici ! l'appela l'homme, qui les rejoignit enfin.

Le dalmatien lui sauta au cou en maculant sa veste. Surpris, le pauvre homme perdit l'équilibre et tomba à la renverse dans une flaque de boue.

Tous éclatèrent de rire quand Dotty se mit à lécher avec ardeur le visage de son maître.

– Non, Dotty ! Couchée ! Couchée ! criait-il en essayant de la repousser.

Enfin, il parvint à se dégager et se remit debout. Dotty s'ébroua alors devant lui en envoyant mille gouttes d'eau boueuse sur ses habits.

Tout en se frottant pour se nettoyer, l'homme jeta un regard furieux à Neil et

Emily, qui ne pouvaient s'empêcher de rire. Puis il attacha sa chienne et l'obligea à s'asseoir près de lui.

– Je suis désolé qu'elle vous ait effrayée ainsi, dit-il à Mme Smedley. Vous savez, Dotty est très joueuse, mais elle ne ferait pas de mal à une mouche.

– C'est ce que je vois, lui répondit-elle en souriant. J'espère que vous ne vous êtes pas fait mal en tombant.

– Non, non, ça va, fit-il d'un air pincé.

Puis il se tourna vers le dalmatien et tira sur la laisse d'un coup sec :

– Vilaine ! Tu me causes tous les ennuis de la terre. Allez, viens, maintenant !

L'homme s'éloigna.

– Quelle superbe bête ! remarqua Neil. Dommage qu'elle soit aussi désobéissante. Il y a des gens qui ne savent pas éduquer leur chien.

Neil avait dû parler un peu trop fort, car l'homme se retourna soudain et le regarda droit dans les yeux. Il ouvrit la bouche pour dire quelque chose, mais, avant qu'il ait pu prononcer le moindre mot, sa chienne bondit en avant et l'entraîna dans un vol plané.

– Oh, le pauvre ! s'exclama Mme Smedley en pouffant de rire. Je crois bien que ce chien est un peu trop costaud pour lui.

Le petit groupe regarda Dotty et son propriétaire disparaître au bout du chemin. Puis Mme Smedley remonta sur sa bicyclette et s'en alla.

Neil et Emily repartirent vers leur maison. Alors qu'ils approchaient, des aboiements leur parvinrent du fond du chenil.

2

Heureusement, la propriété des Parker se trouvait à l'écart de la route et loin de la plupart de leurs voisins. Le chenil était très bruyant, car il recevait beaucoup de chiens. Certains propriétaires n'hésitaient pas à faire plus de trente kilomètres pour venir y placer leur animal.

Neil regarda sa montre. Neuf heures passées !

– C'est l'heure du repas des chiens ! s'écria-t-il. Viens vite, on va aider !

Neil et Emily entrèrent dans le bâtiment des « orphelins », les chiens perdus ou abandonnés, où Carole Parker préparait leur nourriture.

– Où sont papa et Bubulle ? demanda Neil en parlant de sa sœur de cinq ans.

– Ton père et *Sarah* sont partis voir oncle Jack à Campton. Ils pensaient, entre autres, récupérer cette vidéo qui t'intéressait tant.

Carole Parker, grande et mince, portait un pantalon de coton et un ample sweat-shirt.

– Chouette !

Neil avait toujours quelque chose à emprunter à son cousin, Steve Tansley. En échange, il lui prêtait ses magazines et ses livres sur les chiens.

– On peut t'aider à les nourrir ?

– Va plutôt donner un coup de main à Kate.

Dans le second bâtiment, celui des chiens laissés en pension, Neil trouva Kate

McGuire, l'assistante de ses parents, en train de distribuer aux animaux des croquettes. Chaque pavillon était constitué de deux rangées de dix boxes séparées par une allée centrale. Les boxes des chiens étaient clairs, spacieux et chauffés l'hiver. Les animaux étaient lâchés à tour de rôle dans une vaste cour grillagée où ils pouvaient s'ébattre à leur aise.

Kate était avec Pita, une adorable bâtarde au pelage blanc et rêche. La chienne avait de minuscules oreilles noires et des yeux brillants et ronds. Ses propriétaires, M. et Mme Timms, venaient de partir pour trois semaines en Amérique.

Kate avait relevé ses longs cheveux blonds en queue de cheval et portait, comme d'habitude, un caleçon et un sweat-shirt trop grand.

– Pauvre Pita ! dit-elle à Neil. Elle a le cafard. Elle ne veut pas toucher à sa nourriture.

– C’est parce que ses maîtres lui manquent, hein, ma petite Pita ! dit le jeune garçon en la caressant. Allez, ne sois pas triste, ils reviendront bientôt. Tu seras bien soignée ici, tu verras.

Pita ferma les yeux et poussa un profond soupir.

– Je vais lui laisser ses croquettes, déclara Kate en partant. Elle les mangera plus tard.

Neil referma derrière eux la porte du box et regarda avec pitié le petit animal triste. Souvent, au début de leur séjour à King Street, les chiens pleuraient leurs maîtres absents. Puis ils finissaient par s’habituer au chenil, consolés par les soins pleins de tendresse des Parker et de Kate.

À côté se trouvait Jed, un immense danois de couleur fauve. Il était gentil et avait toujours faim. Les grands bols de nourriture que Kate lui apportait disparaissaient en quelques secondes.

Puis il y avait Sally, un basset tricolore qui se sentait ici comme chez lui. Il y venait régulièrement, car ses maîtres partaient souvent en voyage. Dès que Neil ouvrit la porte de son box, Sally roula sur le dos, les quatre pattes en l'air, pour se faire chatouiller le ventre. « Bientôt, songea Neil, Pita ferait la même chose. »

Pendant ce temps, Kate nourrissait le dernier chien, Rouffy. C'était un labrador sable qui devait rentrer chez lui le lendemain.

– Eh bien, j'en ai fini jusqu'à lundi, dit-elle en refermant la porte de Rouffy. C'est la rentrée, n'est-ce pas ?

– Oui, ne m'en parle pas ! lâcha-t-il en grimaçant.

Pendant ce long été, il avait passé tant de temps au chenil qu'il n'imaginait pas pouvoir rester assis en classe plusieurs heures par jour.

– On a un nouveau professeur, ajouta-t-il sur un ton inquiet. Je me demande comment il est.

– Oh, on a toujours un peu peur au début ! Mais, tu verras, tout ira bien.

Neil l'espérait vraiment. Mme Oakham, sa maîtresse de l'an passé, l'avait toujours encouragé dans sa passion pour les chiens. Qu'en penserait son remplaçant ?

3

– Vite, Neil, on va être en retard ! cria Emily à la porte de la maison.

– Oui, oui, j'arrive ! répondit son frère du fond du chenil.

Accroupi près de Pita, il lui caressait doucement la tête. La chienne avait gémi tout le week-end, refusant de manger. Elle n'avait même pas voulu sortir se dégourdir les pattes.

– Je reviens très vite, ma petite Pita, lui promit-il en se levant à regret.

Il jeta un dernier regard à la malheureuse et referma la porte du bâtiment.

– J'espère que vous aimerez votre nouvelle classe, leur dit Mme Parker en les déposant devant l'école.
– Moi, j'espère seulement que mon prof sera aussi gentil que Mme Oakham, soupira Neil en sautant de la voiture.
Leur mère leur fit un petit signe et redémarra.
– Hé, lança une voix familière alors qu'ils pénétraient dans la cour de l'école, voilà la Compagnie des chiens trouvés !
Neil se retourna et sourit à Freddy, le farceur de la classe. Tous les gens qui connaissaient Neil et sa famille les appelaient ainsi.
– Salut, Freddy. Ça va ?
– Oui. Il paraît que notre nouveau prof est sympa. Il déteste donner des devoirs à faire à la maison…

– Ah, oui ? C'est super !
– Rêve toujours, mon pauvre, reprit Freddy en éclatant de rire. Je blaguais !
Déçu, Neil lui flanqua un coup de poing amical à l'épaule.
Lorsque les élèves entrèrent dans la classe, leur nouveau professeur était déjà là, en train d'écrire sur le tableau. Il tournait le dos à la salle. Pourtant Neil lui trouva quelque chose de familier. Et, quand il pivota pour leur faire face, le garçon faillit s'étrangler d'horreur. Il avait devant lui le malheureux propriétaire de la chienne dalmatien qu'ils avaient rencontré l'autre jour !
Son regard croisa celui de Neil, et son visage devint tout rouge. Manifestement, lui aussi se souvenait de leur entrevue…
– Asseyez-vous, s'il vous plaît, ordonna-t-il sur un ton sec. Et pas de bavardages !
Il jeta un regard froid à Neil comme si ses remarques ne s'adressaient qu'à lui.

« C'est bien ma veine, songea Neil. De tous les profs du monde, il fallait que je tombe justement sur celui-là ! » Il put lire, écrit en capitales sur le tableau : « M. HAMLEY ».

– Bonjour à vous tous, lança alors celui-ci. Je m'appelle M. Hamley. Dans un instant, je vais vous demander de vous présenter. Avant, je voudrais qu'une chose soit claire entre nous : vous êtes ici pour étudier ; je ne tolérerai donc aucun comportement qui perturberait la classe.

Son regard d'acier balaya les visages de ses élèves avant de se poser sur Neil.

– C'est compris ?

« Et voilà ! Ce sera ma fête tous les jours ! », pensa Neil, de plus en plus mal à l'aise.

Quand ce fut son tour de se lever et de se présenter, M. Hamley répéta son nom comme s'il voulait bien l'imprimer dans sa mémoire.

L'année commençait vraiment très mal !

4

Toute la matinée, Neil fut nerveux. À midi, quand il raconta la nouvelle à Chris, celui-ci se gratta la tête d'un air pensif et dit :

– Ça, c'est pas de chance ! Mais peut-être que d'ici quelques jours il se sera un peu calmé.

– J'espère bien, soupira Neil. Tu verrais les regards qu'il me lance !

Les autres élèves avaient eux aussi remarqué que M. Hamley n'était pas très aimable.

Neil préférait ne pas évoquer l'épisode du dalmatien. Si M. Hamley apprenait que toute la classe était au courant de ses mésaventures, la situation deviendrait terrible. Neil espérait seulement que, tôt ou tard, leur nouveau professeur oublierait cet incident.

L'humeur de M. Hamley ne s'arrangea guère au cours de la journée. Il garda en permanence les sourcils froncés et se montra très sévère. Surtout avec Neil, qui vit arriver la fin des cours avec un immense soulagement.

Une fois dehors, il aperçut la voiture de ses parents garée de l'autre côté de la rue, son père installé au volant. Bob Parker était un homme de grande taille avec des cheveux bruns comme ceux de son fils. Il portait une salopette vert kaki décorée sur le devant du logo du chenil de King Street.

Sarah et Emily attendaient à l'arrière en

grondant Sam qui, grimpé sur leurs genoux, trépignait d'impatience en regardant arriver son jeune maître. Neil le serra dans ses bras, attacha sa ceinture puis demanda à son père :

– Comment va Pita ?

– Oh, elle n'est pas très en forme, lui répondit-il en démarrant.

– Et tu sais quoi, Neil ? lui annonça Emily. On a un nouvel orphelin à la maison.

– C'est vrai, papa ? Il est de quelle race ? Où est-ce que tu l'as trouvé ?

– Attends, une question à la fois, lui dit son père, amusé. Quelqu'un l'a trouvé errant dans les bois. Sans collier, un peu maigre, affamé et terrorisé.

– Comme Sam, dit Emily. Tu te souviens ?

Neil avait sept ans quand le pauvre chiot, abandonné, avait été ramené au centre d'accueil. Et il n'avait pas fallu beaucoup de temps pour persuader ses parents de garder Sam à la maison.

– Si les gens ne veulent plus de leurs animaux, pourquoi est-ce qu'il ne les donnent pas à quelqu'un, au lieu de les abandonner ? lança Neil, plein de colère.

– Moi aussi, ça me fait hurler, avoua son père. C'est bien pour cela que ta mère et moi avons fondé ce centre. Cela nous permet d'aider ces chiens et de leur trouver un autre foyer…

– Est-ce qu'on pourra aller voir le nouveau quand on sera à la maison, papa ? demanda Emily.

– Oui, mais il ne faudra pas entrer dans son box, ma chérie. Il a besoin de repos et de calme pour se remettre de ses émotions.

Dès que M. Parker eut garé la voiture, les trois enfants se précipitèrent vers le pavillon des orphelins. Ils y trouvèrent leur mère qui remplissait un formulaire.

Elle devait y décrire l'animal et l'endroit où on l'avait trouvé, au cas où son propriétaire se présenterait pour le récupérer.
– J'imagine que vous venez voir notre nouvel invité ! leur dit-elle en souriant. Il a vécu perdu en pleine nature pendant quelque temps et il n'est pas en forme. De plus, il est très nerveux ; alors, ne lui faites pas peur.
Mme Parker conduisit ses enfants devant un box au fond duquel reposait un petit chien de couleur sable. À leur arrivée, il se leva, les poils de son échine se hérissèrent et il se mit à grogner.
– Pauvre petit, murmura Emily. Il n'a que la peau sur les os.
– Pas pour longtemps, ne t'en fais pas ! lui promit sa mère. Mais il se méfie tellement de nous que je me demande s'il n'a pas été maltraité.
– N'aie pas peur, mon petit bonhomme,

on ne te fera pas de mal, lui dit doucement Neil en s'accroupissant devant le box.

Mais le chien se réfugia dans le coin le plus reculé en grondant férocement.

– Comment on va l'appeler ? demanda Sarah.

– Grincheux, peut-être ? suggéra Emily. Ça lui irait bien…

– Non, il ne grognera pas tout le temps, rétorqua Neil. Et… pourquoi pas Sandy ?

– Oui, Sandy, c'est très bien, déclara leur mère en inscrivant le nom sur le formulaire. Mais il faut le laisser tranquille, maintenant. Allez, dehors, les enfants ! Votre goûter vous attend.

5

– Alors, comment s'est passée cette première journée ? voulut savoir Carole Parker quand toute la famille fut réunie autour de la table du dîner.

– Super ! dit Emily. Mme Rowntree m'a nommée responsable des lapins, avec Angie Smith. On doit toutes les deux les nourrir et nettoyer leur cage.

– Cela veut dire aussi que tu devras les garder à la maison pendant les vacances ? demanda Mme Parker.

– Euh… je ne sais pas. On n'a pas encore eu de vacances.
Un rire général s'éleva dans la cuisine. Emily rougit violemment :
– Ce n'est pas la peine de rire. Mme Rowntree nous a dit qu'on pourra emmener les lapins chez nous quand on aura appris à les soigner.
– Moi, j'ai eu deux étoiles pour mon dessin ! lança Sarah.
– Et toi, Neil ? demanda M. Parker en posant au milieu de la table un plat de spaghettis.
Le sourire de Neil s'effaça :
– Eh bien, moi…, c'est l'horreur ! Notre nouveau prof est trop sévère. Il n'a aucun sens de l'humour et il m'en veut déjà.
Ses parents échangèrent un regard à la fois surpris et inquiet.
– Pourquoi ? s'étonna sa mère. Qu'est-ce qui s'est passé ?
Neil leur raconta alors l'incident de

samedi avec M. Hamley, et il ajouta :
– Je n'aurais pas dû dire si fort qu'il y a des gens qui ne savent pas éduquer leur chien.
Bob Parker resta pensif un instant, puis déclara :
– À sa place, je me sentirais très gêné, Neil. Il doit craindre que tu lui manques de respect et que les autres élèves se moquent de lui quand ils connaîtront cette histoire. Imagine un peu ! Ce n'est pas la meilleure façon de commencer une année pour un professeur.
Neil hocha la tête. Il n'avait pas pensé à ça.
– Mais je ne veux pas lui créer d'ennuis !
– Alors, travaille bien en classe et essaie d'oublier ce qui s'est passé samedi dernier, lui conseilla sa mère. Bientôt vous n'y penserez plus ni l'un ni l'autre.
Neil soupira en faisant un vœu pour que ses parents ne se trompent pas.

6

Le lendemain matin, Sarah descendit l'escalier en trombe, tout excitée :

– Ça y est, j'ai réussi ! J'ai appris à Caramel à s'asseoir !

Caramel était son hamster. À ses yeux, c'était le plus intelligent du monde. Elle passait son temps à lui apprendre des tours. Dès qu'il sortait la tête de sa maisonnette pour boire ou croquer un morceau, elle l'attrapait pour lui faire subir une séance d'entraînement.

– Essaie de comprendre, Sarah, lui dit Emily pour la centième fois. Ton hamster n'est pas une bête de cirque. Tu ne pourras pas lui apprendre tous les tours !
– Si, je peux ! s'entêta sa petite sœur. J'ai dit à Caramel de s'asseoir, et il l'a fait. Voilà !
– C'est très bien, Sarah, lui dit Bob Parker. Continue comme ça, et bientôt tu pourras emmener ton hamster dehors sans laisse.
– Dehors ? Mais...
Sarah s'arrêta brusquement en comprenant que son père se moquait d'elle. Les autres partirent d'un grand éclat de rire.
– Oh, vous n'êtes tous que des...
Un coup de sonnette à la porte d'entrée l'interrompit.
– Ça doit être Chris, dit Neil.
Croquant à la hâte un morceau de toast beurré, il se leva et courut attraper son sac à dos :

– À tout à l'heure !

Il fit une petite caresse à Sam et fila dans le garage pour prendre sa bicyclette.

Chris l'attendait sur le trottoir :

– Ah ! Ce n'est pas trop tôt ! Je croyais que tu ne viendrais plus.

– Oh, c'est que je ne suis pas très pressé de revoir M. Hamley, répondit Neil d'un air las.

– Peut-être qu'il sera de meilleure humeur aujourd'hui.

Neil en doutait. Pourtant, M. Hamley paraissait avoir oublié sa sévérité de la veille.

– Ce matin, déclara-t-il à ses élèves, je voudrais que vous écriviez quelque chose sur vous-mêmes. Que vous me parliez de votre famille, de vos loisirs, de ce que vous voudriez faire plus tard. Ainsi, je pourrai mieux vous connaître.

Le silence s'installa dans la classe. Neil n'eut pas besoin de se concentrer trop fort sur son devoir : il savait ce qu'il allait raconter. Sans hésiter, il se mit à décrire le chenil de King Street, ses expériences avec Sam et les autres chiens. Les mots coulaient sous son stylo feutre.

Quand la sonnerie retentit, il sursauta. L'heure était déjà passée ? Il était content de son travail, et espérait seulement que M. Hamley le serait aussi.

7

De retour à la maison, il trouva Emily et Sam en train de jouer dans la cour. Dès qu'il aperçut Neil, le chien oublia le jeu et courut l'accueillir

– Salut, mon gros ! dit Neil à Sam en lui tapant affectueusement les flancs.

Sam poussa doucement le bras de Neil et s'amusa à lui mordiller la main.

– Chris nous rejoint dans cinq minutes, annonça Neil. On va jouer tous ensemble.

Chris arriva bientôt. Ils prirent un vieux

ballon à moitié mâchonné et quatre piquets de bois qui leur serviraient de buts et allèrent dans le pré derrière le chenil. Là, ils formèrent deux équipes : Neil et Sam contre Chris et Emily. Chris partit, le ballon au pied.

– Le ballon, Sam ! Attrape le ballon ! cria Neil.

Le chien se faufila entre les jambes de Chris, se jeta sur la balle et, de la gueule, la poussa vers Neil. Celui-ci, d'un puissant coup de pied, l'envoya tout près des piquets adverses.

Tandis qu'Emily s'y précipitait, Sam lui coupa le chemin et récupéra la balle.

– Le but, Sam ! hurla Neil.

Sam chargea entre les piquets.

– But, ça y est ! Génial, Sam !

– Il a triché ! protesta Chris, hors d'haleine. On n'a pas le droit de toucher le ballon avec la truffe !

– Ce chien sait tout faire ! s'exclama

M. Parker, qui les regardait depuis un moment, accoudé à la barrière.

Sam dansait maintenant autour de Neil en aboyant pour que le jeu continue. Le garçon se tourna vers son père :

– Il est super, hein ?

– Ça ne m'étonne pas, lâcha Chris. Tu l'entraînes à ce jeu depuis qu'il est bébé.

Bob Parker vint caresser le chien, puis il déclara à son fils :

– Tu sais qu'on prévoit d'organiser un concours d'agilité pour chiens lors de la foire de Campton, à la fin du mois. Tu devrais y inscrire Sam. Ce serait une bonne expérience pour lui… et pour toi !

– Un concours d'agilité ? répéta Neil.

– Oui, tu sais, un parcours d'obstacles que les chiens doivent franchir le plus vite possible.

– Oh oui ! s'exclama Chris. Fais-le, Neil !

Celui-ci baissa les yeux sur Sam, qui le

regardait d'un air attentif, la langue pendante et la tête penchée de côté :
– Et toi, qu'est-ce que tu en penses ?
Le chien lui répondit par un aboiement enthousiaste. Au ton de Neil, il avait compris que quelque chose d'excitant se préparait.
– Je suis sûr que tu ferais ça les yeux fermés.
La queue de Sam battit furieusement l'air.
La foire de Campton se déroulait chaque année dans un grand pré à l'entrée de la ville. C'était une fête qui attirait beaucoup de monde.
– Je voudrais que Sam participe, papa !
– Alors, je vais l'inscrire au concours. Il ne faut pas traîner.

8

De retour au chenil, ils trouvèrent Kate qui sortait du pavillon des pensionnaires.

– Comment va Pita ? demanda Bob.

Son assistante semblait inquiète :

– Elle est très cafardeuse, et elle a à peine touché à sa nourriture.

– On va demander à Mike de l'examiner quand il passera demain, pour vérifier si elle n'est pas malade.

Mike Turner était le vétérinaire de la région. Il venait voir les chiens deux fois par semaine ou lorsqu'il y avait une urgence.

– Et Sandy ? voulut savoir Neil. Il est devenu un peu plus gentil ?

– Pas vraiment, lui répondit Kate. Il ne veut toujours pas que je l'approche.

– On va aller le voir, proposa Bob Parker. Mais, rappelez-vous, personne ne doit entrer dans son box.

– D'accord. Tu viens, Emily ?

– Non, je préfère aller raconter à maman ce qu'on va faire avec Sam.

– Moi aussi, je dois partir, dit Chris. À demain, Neil. Au revoir, tout le monde.

Emily emmena Sam avec elle pendant que Neil et son père se dirigeaient vers le centre d'accueil. Ils trouvèrent Sandy couché dans son panier. Dès qu'il les vit approcher, il se mit à trembler et pousser de faibles grognements.

Bob ouvrit la porte du box et lui parla à voix basse ; puis il s'avança lentement.

Sandy montrait les dents et grondait de plus en plus fort, prêt à l'attaque. Neil, resté à l'extérieur, se tenait immobile pour ne pas l'effrayer davantage. Son père s'y prenait très bien avec les chiens ; mais celui-ci paraissait vraiment sauvage. Sans cesser de lui parler, Bob sortit de sa poche quelques biscuits et les posa sur le sol entre lui et Sandy.

– Tiens, c'est pour toi, mon garçon, lui dit-il avant de reculer lentement vers la sortie.

– J'ai eu peur pendant un moment, avoua Neil quand il eut refermé la porte derrière lui. Tu crois qu'il se serait jeté sur toi si tu avais insisté ?

– S'il s'était senti menacé, oui. À mon avis, ce chien a été maltraité et il lui faudra du temps avant de faire confiance à quelqu'un.

9

L'idée de faire concourir Sam avait beaucoup plu à Carole Parker. Elle avait aussitôt entrepris les démarches pour son inscription.

– C'est bien beau, tout cela, dit Neil, mais il faudrait peut-être que je commence à l'entraîner.

– Je peux t'aider, si tu veux, proposa Emily. Il faut absolument qu'il batte tous les autres.

– En tout cas, intervint Carole, Sam

n'aura rien à craindre du dalmatien de ce M. Hamley. D'après ce que vous racontez, ce n'est pas lui qui gagnera un concours d'obéissance !

– Ça, ce serait un vrai miracle, commenta Neil.

Le lendemain, Neil était si excité à l'idée d'engager Sam dans le concours qu'il eut un mal fou à se concentrer sur son travail. Sans cesse, il imaginait son chien recevant le premier prix. Plusieurs fois, il sentit les yeux de M. Hamley fixés sur lui. Était-il toujours fâché ?

À midi, le professeur l'appela :

– J'aimerais parler un peu avec toi, Neil.

– Oui, monsieur ? articula-t-il d'une voix inquiète.

– J'ai trouvé ta rédaction sur le chenil très intéressante.

Le garçon poussa un profond soupir de soulagement.

– Surtout les passages sur les leçons d'obéissance que donne ton père, continua son professeur en souriant. Comme tu sais, j'ai un dalmatien plutôt désobéissant. Ma femme et moi, nous avons bien essayé de l'éduquer, mais sans succès. En fait, on a presque perdu tout espoir, maintenant. Je me demandais si M. Parker pourrait nous aider avec Dotty…

Un immense sourire se dessina sur le visage de Neil. Il en croyait à peine ses oreilles :

– Bien sûr, monsieur ! Vous voulez que je lui en parle, ce soir ?

M. Hamley sourit de nouveau. Il ne paraissait plus du tout sévère et son regard pétillait :

– Merci, mais je crois qu'il serait préférable que j'appelle moi-même ton père. Peux-tu me laisser son numéro ?

Neil était tout heureux quand il quitta la

classe. Son père allait apprendre à Dotty à obéir en un rien de temps ! Et peut-être que M. Hamley oublierait alors leur première rencontre.

Chris l'attendait à la sortie.

– Quoi ? s'exclama-t-il en apprenant la nouvelle. Ton père va éduquer ce chien fou ? Je voudrais bien voir ça !

Accompagné d'Emily et de leur mère, Neil trouva dans un magasin de bricolage de quoi préparer un parcours d'entraînement pour Sam. Piquets, cordes, rondins, planches de bois, briques, barils et pneus usagés feraient parfaitement l'affaire.

Quand tout fut installé dans le pré derrière le chenil, les enfants y emmenèrent Sam. Neil courut devant lui pour lui montrer ce qu'il avait à faire. Le colley, un peu surpris au début, était tout joyeux de lui obéir.

Suivant son jeune maître, il rampa sans hésiter à travers les barils disposés çà et là sur l'herbe, sauta au-dessus des cordes tendues entre les piquets, escalada des pyramides de rondins. Il semblait s'amuser comme un petit fou.

– Bravo, Sam, c'est super ! applaudissait Emily chaque fois qu'il franchissait un obstacle.

À la fin, Neil le récompensa avec ses friandises préférées. Comme Sam faisait mine de recommencer, il l'arrêta :

– Non, Sam, ça suffit pour aujourd'hui.

Son père lui disait toujours qu'on ne doit jamais fatiguer un chien lors d'une séance d'entraînement si l'on veut que l'animal reprenne le travail avec plaisir.

Neil regarda sa montre : cinq heures et demie. M. Hamley avait peut-être déjà appelé. Il courut au bureau de Bob Parker pour s'en assurer, suivi par Emily. Ils le trouvèrent au téléphone.

– À ce soir alors, sept heures et demie, dit-il avant de raccrocher.

Neil demanda :

– C'était M. Hamley ? Est-ce qu'il va venir avec Dotty ?

– Oui, et je crois que ce dalmatien va me donner quelques soucis, avoua M. Parker. Mme Hamley attend un enfant, et ils espèrent avoir éduqué leur chien avant l'arrivée du bébé. Et ça fait trois fois que Dotty est renvoyée d'une école de dressage.

– Ça ne m'étonne pas, après ce que j'ai vu samedi dernier. Mais toi, tu sauras te débrouiller avec elle, hein ? Tu fais des miracles, papa !

– Merci, Neil, mais cela dépend aussi de M. Hamley. Comme tous les animaux, le chien doit sentir qu'il a un chef ; et ce chef ne peut être que son maître. Sinon, le chien ne lui obéira jamais.

– Je peux rester regarder la leçon, ce soir ?

– Oui, Neil. J'aurai besoin de ton aide avec Candy et Miel, les deux lévriers afghans qui doivent venir aussi. Surtout ne ris pas si Dotty fait des bêtises. Cela risquerait de contrarier M. Hamley, tu comprends ?

– Oh, ça, je comprends ! Est-ce que je peux aller voir Pita et Sandy maintenant ?

– Non, on dîne d'abord. Ensuite, tu pourras faire la ronde des visites avec moi, avant la leçon de Dotty.

10

À la fin du repas, Neil et Bob Parker se rendirent dans le pavillon des pensionnaires. La soirée était tiède, il faisait encore clair, et les chiens couraient en liberté dans leur enclos. Sauf Pita, qui restait couchée dans son panier.

– Au moins, elle a bu l'eau sucrée que le vétérinaire lui a donnée ce matin, dit Bob. Il lui a fait une piqûre de vitamines aussi. Cela devrait la requinquer.

Au centre d'accueil, Sandy se mit à

grogner dès leur approche en les regardant d'un air inquiet.

– Il a encore peur, murmura Neil.

Il sortit de sa poche deux biscuits et les jeta à travers le grillage.

– Tiens, Sandy, c'est pour toi, lui dit-il à voix basse. Allez, mon gentil toutou. Mange, n'aie pas peur.

Les yeux fixés sur les friandises, Sandy gronda doucement, mais ne bougea pas.

– Reculons un peu, suggéra Bob. Il va peut-être finir par s'approcher.

Le chien les regarda s'éloigner, méfiant, puis, sans attendre, il trotta vers le milieu du box et happa un des biscuits.

– Bravo ! l'encouragea Neil. C'est bien, Sandy !

Mais, déjà, l'animal avait regagné son coin favori, où il se sentait en sûreté.

À cet instant, la cloche du portail retentit. Bob alla ouvrir et trouva M. Hamley, qui tenait son dalmatien en laisse.

– Bonsoir, monsieur ! lança Neil, le cœur léger. Bonsoir, Dotty !
La chienne, magnifique, devait avoir dix-huit mois environ, et son poil blanc, tacheté de noir, luisait.
– Elle est superbe, dit Bob en caressant Dotty. On voit que vous la soignez bien.
– Merci, dit M. Hamley. J'espère qu'elle saura se tenir.
À cet instant, des aboiements résonnèrent à l'entrée du chenil : les autres chiens arrivaient pour la leçon. Ricky, le labrador de Steve, le cousin de Niel, se rua vers Dotty, arrachant sa laisse des mains du garçon.
– Ricky ! Assis ! lui ordonna M. Parker d'une voix forte.
Aussitôt, le chien obéit et leva les yeux vers lui, attendant un nouvel ordre.
– Eh bien, j'espère que vous aurez autant de succès avec Dotty, déclara M. Hamley, impressionné par cette démonstration.

11

Les six jeunes chiens et leurs maîtres entrèrent dans la grange. Ricky et Dotty avaient fini par emmêler leurs laisses, et Steve s'accroupit pour tenter de les séparer.

Neil était ravi. Il adorait ces leçons d'obéissance, surtout quand son père commençait le travail avec un animal. Les chiens finissaient toujours par se discipliner, et alors, Bob lui en confiait parfois.

– Bonsoir à vous tous, lança Bob Parker, et merci d'être venus. Comme vous allez le voir, éduquer votre chien peut être aussi amusant qu'agréable. Un chien bien éduqué est un chien heureux, et il fait le bonheur de son maître. Si vous répétez chez vous ce que nous allons faire ensemble, votre animal vous obéira très vite.
À ces mots, Ricky aboya très fort, et Bob lui sourit :
– Oui, même toi, Ricky !
Un rire général s'éleva de l'assistance, et Ricky aboya de plus belle, comme pour approuver.
– Nous allons commencer par apprendre à votre chien à rester au pied quand il marche à votre côté.
Steve avança avec Ricky, suivi de Bella, un setter irlandais, qui tirait sur sa laisse. Puis venaient Candy, très occupé à renifler le sol, et enfin, Miel, sa petite sœur, menée par Neil. Derrière eux se pres-

saient Scamp, un petit chien de berger, et enfin Lady, le yorkshire de Mme Swinton, une voisine de Steve.

Mais où diable était Dotty ? Intrigué, Neil regarda autour de lui. Il l'aperçut, aplatie par terre, immobile, tandis que Paul Hamley tentait en vain de la faire lever.

Voyant cela, M. Parker s'approcha d'eux d'un pas tranquille.

– Dotty, lève-toi, ma fille ! soupirait M. Hamley, rouge d'embarras.

– Que se passe-t-il, Paul ?

– Eh bien, elle refuse de faire comme les autres.

– Alors, tirez d'un coup sec sur sa laisse et ordonnez-lui de se lever.

M. Hamley tira doucement sur la laisse.

– Allez, Dotty, debout ! dit-il d'une voix timide.

Du coin de l'œil, Neil regarda les autres, qui attendaient poliment que la chienne se décide à obéir.

– Paul, il faut lui montrer que c'est vous le chef, insista M. Parker. Le ton de votre voix compte beaucoup. Imaginez-vous dans votre classe : vos élèves ne vous obéissent que si vous leur parlez avec autorité. Eh bien, faites la même chose avec votre chienne. Tirez de nouveau sur sa laisse et dites-lui fermement de se lever. En criant, s'il le faut.

M. Hamley fit donc une nouvelle tentative :

– Dotty, debout !

Sa voix puissante résonna fort dans la grange. Neil grimaça : il retrouvait là le M. Hamley de la rentrée.

Surprise, Dotty se leva d'un bond.

– Voilà ! lui dit Bob en lui offrant un biscuit. C'est bien, tu es une bonne fille !

Il sourit avec satisfaction.

– Et n'oubliez pas de récompenser votre chien chaque fois qu'il obéit, ajouta-t-il à l'adresse du groupe.

M. Hamley rejoignit les autres en félicitant chaudement sa chienne.
– À présent, dit Bob Parker, vous allez apprendre à votre chien à s'asseoir.
Durant plusieurs minutes, tous tentèrent tant bien que mal de faire asseoir leur animal. Puis il passèrent à l'exercice suivant : forcer le chien à rester assis tandis que son maître s'éloignait de quelques pas, avant de le rappeler. Un effort épuisant pour Dotty ! Incapable d'attendre l'ordre de M. Hamley, elle le suivait dès qu'il faisait mine de s'écarter.
– Non, Dotty, reste ! lui criait-il chaque fois que le derrière de la chienne décollait du sol.
Enfin, elle se décida à obéir. Immobile, la tête penchée de côté, elle regarda son maître reculer.
– Allez, Dotty, viens, maintenant ! lui lança-t-il en tirant doucement sur la laisse quand il fut assez loin.

Dotty ne se le fit pas dire deux fois. Elle bondit en avant, jeta ses deux grandes pattes sur les épaules de son maître et lui lécha la figure avec enthousiasme.

– Couchée, Dotty ! Couchée ! cria-t-il en la repoussant.

Mais il finit par perdre l'équilibre. Heureusement, Bob vint à sa rescousse, tirant avec force sur le collier de la chienne.

– Au pied, Dotty ! lui ordonna-t-il.

Aussitôt, elle s'assit et s'immobilisa.

– Voilà une bonne fille ! lui dit-il en la caressant derrière l'oreille.

Dotty poussa alors sa truffe contre la poche de Bob, en quête d'un autre bonbon.

– Non, Dotty, on ne réclame pas ! lui dit son maître.

– Ne la grondez pas, reprit Bob en riant. Cela montre au moins qu'elle apprend vite quand elle le veut bien.

Se tournant vers Neil, Steve lui dit à voix basse :

– Elle est pire que Ricky ! Alors, c'est lui, ton professeur ? Tu as de la chance, il a l'air vraiment cool !

– Seulement avec son chien, soupira Neil. À l'école, il est terrible !

À la fin de la leçon, Bob déclara à Paul Hamley :

– Une première séance est toujours difficile pour un jeune chien. Mais, au bout de quelques leçons, Dotty commencera à changer. Vous aurez de moins en moins de difficultés à la contrôler.

Il s'adressa ensuite au groupe tout entier :

– Essayez de pratiquer chez vous tout ce que nous venons de voir ensemble. Quelques minutes par jour suffisent. Et n'oubliez pas la récompense !

Dotty profita de cet instant de relâche pour arracher sa laisse des mains de son maître.

– Oh non ! Reviens, Dotty ! s'écria-t-il en s'élançant à sa poursuite.

Les autres chiens se mirent à aboyer et tentèrent de la suivre. Le bruit dans la grange était assourdissant. Dotty s'était enfuie et galopait maintenant dans le jardin des Parker. Soudain, elle stoppa net au milieu de la pelouse… pour se soulager.

– On va pouvoir l'attraper, maintenant ! s'esclaffa Bob.

Arrivé près de la chienne, M. Hamley dérapa et tomba à quelques centimètres de la crotte toute fraîche !

– Surtout, ne ris pas, murmura Bob à son fils.

Une main plaquée sur la bouche, Neil dut faire un gros effort pour y parvenir.

– Je m'en occupe, monsieur ! cria-t-il en se jetant après Dotty, qui repartait vers de nouvelles aventures.

Neil trouva la chienne devant le box de

Jed, le danois. Tout occupés à faire connaissance, les deux animaux ne le virent pas approcher. Prenant Dotty par surprise, il saisit sa laisse. Aussitôt, elle chercha à s'échapper.

– Ah non, cette fois, tu restes là ! lui ordonna-t-il d'une voix ferme.

– Très bien, Neil ! lui dit son père, qui le rejoignait devant le box.

M. Hamley suivait derrière, les cheveux hirsutes et les joues rouges de honte. Dès qu'il aperçut Dotty, il se précipita.

– Merci, dit-il à Neil sur un ton sec. Je l'emmène, maintenant.

Lui arrachant presque la laisse des mains, il repartit d'un pas raide vers sa voiture.

– À la semaine prochaine ! lui lança Bob Parker. Vous pouvez aussi l'amener à la leçon du dimanche matin, à dix heures et demie…

– Je ne crois pas que je reviendrai, répondit le professeur en se retournant vers lui. Dotty est irrécupérable, et je n'ai pas l'intention de la laisser me ridiculiser !

Neil les regarda s'éloigner, la mort dans l'âme.

12

– Tu crois que M. Hamley parlait sérieusement en disant qu'il ne reviendrait plus ? demanda Neil à son père le lendemain au petit déjeuner.

– Je crois qu'il était très gêné, surtout. Il changera peut-être d'avis après avoir retrouvé son calme.

Neil l'espérait bien. Il prit quelques biscuits et alla rendre visite à Sandy, décidé à l'apprivoiser.

Comme d'habitude, le chien se réfugia

dans le coin dès qu'il vit Neil.

– Là, n'aie pas peur, mon bonhomme, lui murmura le garçon.

Il lui glissa un biscuit à travers le grillage.

– Tiens, regarde ce que je t'apporte. Prends…

Dès que Neil se fut éloigné un peu, Sandy s'approcha et attrapa rapidement le gâteau. Puis il leva vers le garçon un œil méfiant.

– Je reviendrai te voir plus tard, mon toutou, promit Neil.

C'était au tour de Pita. La pauvre petite chienne était toujours abattue. Couchée dans son panier, elle ne se leva pas pour venir chercher son biscuit.

Neil n'était pas pressé d'aller à l'école. Il aurait voulu passer plus de temps avec ces chiens qui avaient tant besoin de réconfort ! Et puis, il craignait de retrouver M. Hamley de très méchante humeur après la désastreuse leçon de Dotty.

Cependant, à la grande surprise de Neil, son professeur était détendu. Il parut simplement être ailleurs, préoccupé par tout autre chose que le travail de ses élèves.

Le dimanche matin, Neil constata avec déception que M. Hamley n'était pas venu au cours de dressage.
– On pourrait peut-être lui téléphoner et lui dire de donner une nouvelle chance à Dotty ? dit-il à son père après la leçon. Tu lui expliquerais que beaucoup de chiens se tiennent bien plus mal qu'elle, la première fois…
– Tu sais, on ne peut pas le forcer, soupira Bob Parker.
À cet instant, la voix de Carole retentit à travers la cour :
– Bob, Paul Hamley au téléphone !
– Il a peut-être changé d'avis, finalement, dit Neil sur un ton joyeux.

Il finissait de ranger la grange après la leçon lorsque son père revint lui annoncer :
– Les Hamley vont laisser leur chienne ici pour quelque temps.
– Ici ? En pension ?
– Oui, j'ai l'impression qu'ils ne savent plus quoi faire d'elle. Le bébé de Rachel Hamley doit naître bientôt, et elle se sent incapable pour le moment de se bagarrer avec Dotty.
– Et... ils la reprendront après la naissance ?
– Non, ils lui chercheront un nouveau maître.
– Quoi ? s'indigna Neil. Si elle reste ici un peu, on pourra lui apprendre à obéir ! Dotty est turbulente, mais pas méchante ! Changer de maître serait terrible pour elle.
Bob Parker était désolé de voir son fils dans cet état.

– Neil, je ne pourrai éduquer Dotty que si M. Hamley continue l'entraînement chez lui. Un grand chien comme elle demande beaucoup de fermeté.

« Pauvre Dotty ! songea Neil, une fois seul. J'espère qu'elle leur manquera tellement qu'au bout d'un jour ou deux ils reviendront la chercher ! »

13

M. Hamley se présenta avec sa chienne à trois heures. Neil vit tout de suite qu'il était très triste, même s'il cherchait à le cacher. En conduisant Dotty dans son box, il lui dit d'une voix étranglée :

– Alors, tu seras très sage, ma petite fille ? Tu me le promets ?

Puis il la caressa longuement et lui dit qu'il reviendrait très bientôt.

– Merci de l'avoir acceptée chez vous, dit-il, les yeux baissés. Je ne sais pas combien de temps il me faudra pour lui trouver un nouveau maître, mais…

– Ne vous faites aucun souci, coupa doucement Bob Parker, nous prendrons soin d'elle.

– Merci, j'apprécie ce que vous faites.

– Peut-être que vous pourrez reprendre Dotty quand votre bébé sera là ? hasarda alors Neil, plein d'espoir.

M. Hamley secoua tristement la tête :

– Nous aimerions bien la garder, tu sais, mais j'ai peur que ce soit impossible avec un nouveau-né.

Il jeta un dernier regard à sa chienne et s'en alla. La truffe contre le grillage, Dotty le regardait partir en gémissant.

– Pauvre petite ! Et pauvre M. Hamley, aussi ! soupira Neil.

– Tu sais, dit Bob, ils doivent d'abord penser à leur bébé. Et puis Dotty sera peut-être plus heureuse avec quelqu'un qui saura la prendre en main.

Neil savait que Bob avait raison, mais cela ne le consolait pas pour autant. Puis il eut une idée. Il y avait peut-être un moyen de faire revenir M. Hamley sur sa décision.

– Est-ce qu'on aurait le temps d'éduquer Dotty avant que M. Hamley ne la donne ? Comme ça, il n'aurait plus besoin de se séparer d'elle.

– Oh, cela ne lui ferait pas de mal, de toute façon, admit Bob.

– Oh oui, papa, fais-le, s'il te plaît ! Sinon, personne ne voudra la garder, et elle va changer de maître sans arrêt. Ce sera épouvantable pour elle.

– D'accord, Neil. Dotty viendra à mon prochain cours, on verra comment elle se comporte. Et tu pourras un peu l'entraîner toi-même, le soir. Mais ce ne sera pas facile, tu le sais ?

– Oui, papa, je le sais, souffla Neil, trop content d'avoir eu l'accord de son père.

14

Le lendemain, Emily trouva Pita aussi malheureuse que les autres jours. Elle eut alors l'idée de glisser dans son panier quelque chose qui aurait l'odeur de ses maîtres pour la consoler un peu.

Mme Parker songea aux Wilkin, les voisins des Timms, qui devaient sans doute garder chez eux une clé de leur maison. Elle leur téléphona aussitôt.

– On a peut-être une solution, annonça-t-elle quand elle eut raccroché. Un vieux pull de Mme Timms est accroché sur sa cabane de jardin. M. Wilkin va aller le récupérer et il l'apportera lui-même. Il pense aussi que Pita sera heureuse de voir un visage familier.

– Chouette ! s'écria Neil. Pourvu que ça marche !

Une demi-heure plus tard, une voiture s'arrêta devant la maison des Parker. Un homme en descendit, un gilet vert à la main.

– Bonjour, je suis Jeff Wilkin, dit-il lorsque Carole Parker lui ouvrit. Ça me fait plaisir de venir en aide à la pauvre petite Pita. Joe et Alice seraient navrés de la savoir aussi malheureuse.

Il suivit Carole jusqu'au box de la chienne.

– Bonjour, bout d'chou, c'est moi, dit-il en entrant dedans. Tu me reconnais ? Regarde ce que je t'apporte !

Au son de sa voix, Pita dressa les oreilles et leva la tête.

M. Wilkin s'accroupit devant elle et posa le pull sur ses genoux. Et le miracle se produisit ! Pita bondit sur lui et se mit à lui lécher le visage. Puis elle renifla le pull, y fourra sa truffe humide et le remua dans tous les sens en aboyant de plaisir. Pour finir, elle l'emporta dans un coin, gratta un peu la laine et se coucha dessus.

– Tu es contente, maintenant, ma grande ? lui demanda M. Wilkin en la caressant.

Pour toute réponse, Pita agita vigoureusement la queue.

– Regardez, dit Carole Parker en souriant. On dirait que ça marche. Un grand merci à vous, M. Wilkin ! Vous lui avez redonné le goût de vivre. Elle va peut-être accepter de manger maintenant.

– Si vous voulez, proposa M. Wilkin, je peux passer de temps en temps voir Pita avant le retour de Joe et Alice. J'aime beaucoup cette petite chienne, vous savez, et je l'aurais prise chez moi si je ne passais pas ma journée à l'extérieur.

– Venez quand vous voudrez, lui répondit Carole en le raccompagnant.

Lorsque Neil retourna voir Pita après le dîner, elle avait vidé sa gamelle et jouait dans son enclos. Dès qu'elle l'aperçut, elle se précipita vers le grillage en remuant la queue.

Il se laissa lécher les doigts en lui murmurant des mots doux, puis il se releva et lui dit :

– Maintenant, si tu veux bien, je vais aller voir Dotty. Il faut que je la réconforte aussi.

La chienne trotta vers Neil en le voyant arriver. Puis elle lui poussa doucement la main de sa truffe et posa une patte sur la grille de son box comme si elle demandait à sortir.

– Oh, Dotty, si tu savais comme j'aimerais te ramener chez toi ! Mais il faut d'abord que tu sois parfaitement éduquée, et je sens que ça ne va pas être facile, ma toute belle !

15

Les deux mercredis qui suivirent, Neil emmena Dotty aux leçons de son père. Tous les soirs, il essaya de mettre en pratique ce qu'elle avait appris. Pour l'aider, il décida de prendre Sam avec eux afin qu'il lui montre le bon exemple.

Neil avait vu juste : très vite, Dotty s'amusa à copier Sam au cours des exercices qu'ils faisaient ensemble.

Cependant, les séances étaient très fatigantes. Sans cesse, il fallait répéter les ordres les plus simples jusqu'à ce que Dotty obéisse. Et, sans cesse, il fallait la récompenser quand elle accomplissait un bon travail.

Pourtant, Dotty avait fait de réels progrès : elle s'asseyait sur commande et venait quand on l'appelait.

– Qu'est-ce que tu en penses, papa ? lui demanda Neil un dimanche matin.

M. Parker sourit en voyant Dotty sagement assise aux pieds de son fils.

– Elle a beaucoup progressé, c'est vrai, reconnut-il. Et toi aussi, Neil.

– Maintenant, il va falloir entraîner Sam pour le concours.

Avant que Bob ait pu dire un mot, Neil continua :

– Je voudrais prendre Dotty avec nous. Elle apprend beaucoup en regardant travailler Sam.

– D'accord, mais ne la laisse pas courir toute seule n'importe où.

Emily, qui était dans le pré avec Sam, installait les obstacles qu'il aurait à franchir. Sam se précipita pour renifler avec intérêt la truffe de la chienne.

« Ils sont si différents tous les deux », songea Neil en les observant. Plus élancée que Sam, Dotty avait le poil court. Sa vivacité et son énergie faisaient plaisir à voir. Sam avait un long pelage brillant, et il était plus âgé, donc plus calme.

Il avait bien été un peu jaloux, au début, de l'attention qu'on portait à Dotty, mais il avait vite constaté que les enfants l'aimaient autant qu'avant.

Pendant que Sam s'entraînait avec Neil, Emily attendait au bord du pré avec la chienne. Mais, bientôt, celle-ci commença à montrer quelques signes d'impatience en voyant son copain s'amuser sans elle.

– Et si on laissait Dotty s'exercer un peu aussi ? demanda Emily à Neil. On dirait qu'elle en meurt d'envie.

– D'accord, lâche-la. On va voir ce qu'elle sait faire !
Dotty fit des merveilles ! Sous le regard étonné des enfants, elle sauta gracieusement d'un obstacle à l'autre en imitant Sam, qui lui montrait le chemin. Sans jamais hésiter, elle le suivit partout, par-dessus des piles de rondins ou des cordes tendues entre deux piquets.
– Tu as vu, Neil ? J'ai eu une idée géniale, non ? s'écria Emily quand les deux chiens eurent achevé leur tour.
Neil acquiesça, un peu inquiet, car il savait que les idées géniales de sa sœur se terminaient parfois par des ennuis :
– Oui, c'était bien, mais ça suffit comme ça.
– Non, ça ne suffit pas ! On devrait entraîner Dotty en même temps que Sam et l'inscrire pour le concours, voilà !
– Quoi ?
– Mais oui ! Tu as vu comme elle

travaille bien ? M. et Mme Hamley seront si fiers d'elle qu'ils décideront peut-être de la garder, tu ne crois pas ?
– Ce n'est pas possible ! Dotty n'aura pas assez de temps pour s'entraîner. Le concours a lieu la semaine prochaine !
– Elle aura le temps si on la fait travailler tous les soirs. C'est sa seule chance de retrouver son foyer !
Neil réfléchit. S'il existait une possibilité d'aider Dotty à rentrer chez elle, il fallait la saisir.
– C'est bon, décida-t-il enfin. On en parle à papa. Ce n'est pas sûr qu'il accepte.
– On le saura tout de suite, lui répondit Emily, déterminée. On va le voir, et on lui demande.

Bob Parker refusa tout net de laisser Dotty participer à la compétition.
– Ce n'est pas notre chien, rappela-t-il à

ses enfants. Il faudrait la permission de M. Hamley. Et qu'arrivera-t-il si elle s'échappe ?

– Je saurai m'en occuper, papa.

– Non, Neil. Tu as fait très bien travailler Sam, mais Dotty est beaucoup plus difficile à éduquer.

– Mais, papa…

– J'ai dit non.

Ils quittèrent le bureau de leur père, très déçus.

– Tant pis, murmura Emily. Ce n'est pas la peine d'insister.

– Bah ! Ce n'est pas trop grave, la consola Neil. On pourra quand même continuer à entraîner Dotty.

16

Le lendemain, après l'école, Neil rendit sa visite habituelle à Sandy. Depuis quelques jours, le chien ne grognait plus en le voyant arriver. Mais il ne touchait au biscuit qu'il lui offrait que lorsque Neil s'éloignait. Cette fois, le chien sauta de son panier et vint à lui en remuant la queue. Le garçon en fut bouleversé :

– Hé, Sandy, mon tout beau ! Tu as l'air heureux de me voir.

Sandy pencha la tête de côté comme s'il

l'écoutait et attendait une récompense.
– Tu veux un biscuit, c'est ça ? lui demanda Neil en glissant une main dans sa poche.
– Attends, lui dit une voix derrière lui. On va entrer tous les deux pour le lui donner et on verra comment il réagit.
– Papa, je ne t'avais pas vu ! s'exclama Neil en se retournant.
– Je nettoyais un box quand je t'ai entendu arriver, lui expliqua-t-il en ouvrant la porte. Maintenant, tu vas entrer très lentement, sans faire de bruit.
En voyant Neil pénétrer sur son territoire, Sandy recula de quelques pas.
– Allez, Sandy, sois gentil, fais-moi confiance, murmura le garçon en lui tendant le biscuit avant de le poser devant lui.
Le chien hésita un instant, puis avança, saisit la friandise et la croqua aussitôt. Neil retenait sa respiration. C'est alors

que Sandy, du bout du museau, lui souleva doucement la main.

– Tu m'en demandes encore ? demanda-t-il, stupéfait.

Riant de bonheur, il caressa le chien entre les oreilles. Sandy frémit un moment, se raidit, puis se mit à lécher la paume de Neil.

– Regarde, papa, il n'a plus peur de moi ! Il me fait confiance, maintenant. Il ne grogne même plus !

– Je vois, lui dit son père. Tu as fait un très bon travail, Neil.

En sortant du pavillon, Neil raconta à son père comment il avait, jour après jour, apprivoisé Sandy.

– Je voulais qu'il sache qu'il existe des gens qui lui veulent du bien.

– Et tu as réussi. Bravo ! Je n'aurais pas cru Sandy capable de redonner aussi vite sa confiance à quelqu'un. Figure-toi que des gens m'ont téléphoné ce matin. Ils cherchent à adopter un chien trouvé. Ils ont un fils de ton âge. J'ai bien pensé à Sandy, et je me suis dit qu'il était encore trop méfiant. Mais, à présent, je crois que je pourrais les rappeler…

– Sandy aura donc de nouveaux maîtres ? Ça, c'est super !

Ce soir-là, au dîner, Bob Parker annonça à ses enfants deux nouvelles. La première était mauvaise, et elle concernait Sam : n'étant pas inscrit au Club canin national, il n'avait pas le droit de participer à une compétition.

– Je suis désolé, Neil ! On pourrait l'inscrire, mais c'est long et on n'a plus le temps. Il faudra attendre la prochaine foire, mon fils ! Je regrette.

Voyant la mine dépitée de Neil et d'Emily, Bob eut un pincement au cœur. Il s'empressa de les consoler en leur annonçant la seconde nouvelle :

– Par contre, je crois qu'on va pouvoir faire concourir Dotty…

– Oh, papa, c'est génial ! s'écria Emily tandis que Neil sautait au cou de son père.

– Comment as-tu fait ?

– J'ai juste demandé l'autorisation à M. Hamley. Et comme elle a dix-huit mois et qu'elle est inscrite au Club canin, elle remplit toutes les conditions pour participer à la compétition.

– Oui, c'est géant ! cria Emily.

– Qu'en disent les Hamley ? demanda Neil.

– Il m'a fallu un peu de temps pour les convaincre, mais ils ont fini par accepter, à condition que King Street prenne l'entière responsabilité de Dotty.

Neil regrettait amèrement la disqualification de Sam, il se consola en songeant que ce concours donnait une chance à Dotty de retrouver ses maîtres.

– Alors, je peux continuer à entraîner Dotty ?
– Oui, on le fera ensemble, d'accord ?
– D'accord, papa ! s'écria Neil, le cœur gonflé de joie.
Il allait montrer à M. et Mme Hamley comment Dotty savait obéir !

17

La première chose que fit Neil en rentrant de l'école, le lendemain, fut de remplir le formulaire d'inscription de Sam au Club canin. Il dut proposer trois noms : les responsables en choisiraient un qui ne soit pas déjà porté par un chien. Emily insista pour qu'il lui dévoile ces noms, mais il refusa tout net.

Sa seconde tâche fut d'entraîner Dotty pour le concours et, bien sûr, Emily et le colley les accompagnèrent dans le pré.

D'abord, la chienne regarda faire Sam, l'encourageant par des aboiements de joie chaque fois qu'il passait au galop devant elle.

– Elle a une envie folle de faire la même chose, dit Emily. Regarde, elle trépigne d'impatience !

Neil rappela Sam et lui ordonna de se coucher près de lui. Puis il emmena Dotty au départ du parcours et la lâcha. La chienne bondit en avant et, ignorant les obstacles, traversa le pré en aboyant pour rejoindre Sam.

Neil eut un moment d'angoisse quand il vit son élève courir ainsi. Il la rappela aussitôt.

D'abord, elle ne répondit pas, puis, au second appel, elle s'arrêta et trotta tranquillement vers Neil.

– Bonne fille ! la félicita-t-il, soulagé.

Et il la ramena vers le départ du parcours.

– Allez, va, Dotty, ma belle ! Va !

Neil l'obligea à s'arrêter devant chaque obstacle pour lui montrer ce qu'elle avait à faire. La chienne n'eut aucun mal à les sauter, mais elle hésita au moment de marcher sur des planches posées par terre. Emily était inquiète :

– On est bientôt samedi... Tu crois qu'on pourra l'entraîner suffisamment ?

– Oui, je crois. Si on travaille comme ça tous les soirs, elle devrait être au niveau.

– J'espère que M. Hamley ne viendra pas la voir en train de s'entraîner, déclara-t-elle en ramenant la chienne dans son box. Devant lui, elle serait bien capable d'oublier tout ce qu'on lui aura appris.

– Alors, comment ça se passe avec Dotty ? demanda Carole Parker.

Ce jeudi soir, dans son bureau, Neil et Emily l'aidaient à classer des papiers tandis que Sarah fabriquait une pyramide avec des trombones.

– On a dû faire passer Sam trois fois sur les planches, et j'ai dû le faire une fois moi-même, avant que Dotty comprenne ce qu'il fallait faire, expliqua Neil.

– Oh, c'est facile de grimper, intervint Sarah de sa petite voix aiguë. Caramel grimpe tout seul à son échelle ! Au concours du hamster le plus intelligent, c'est lui qui arrivera le premier.

– Certainement, Sarah, lui dit sa mère. Mais c'est un peu plus difficile d'entraîner Dotty, tu sais. Et Neil et Emily s'en sortent très bien.

Les deux enfants rougirent de plaisir.

– Et si les Hamley ne viennent pas à la fête ? demanda brusquement Emily. Qu'est-ce qu'on fera ?

– Ils viendront, lui assura Carole. Rachel Hamley m'a dit qu'elle voulait voir une de ses amies monter à cheval, ce jour-là.

– Alors, ils verront forcément le concours des chiens, reprit Neil. J'espère que Dotty ne nous laissera pas tomber…

Il préférait ne pas imaginer dans quel état serait son professeur si jamais Dotty faisait des siennes et si son tour de piste virait à la catastrophe.

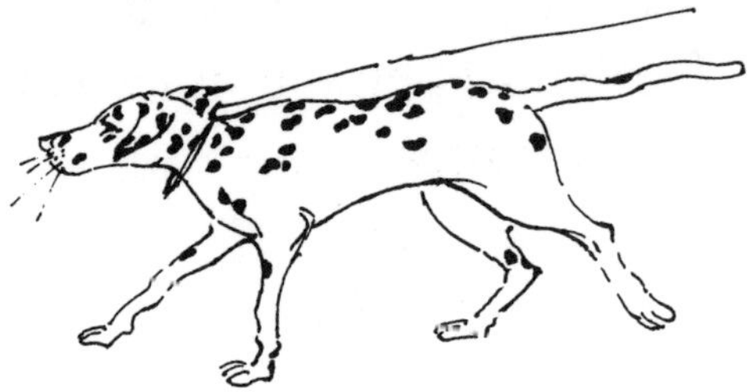

18

– Tu crois qu'elle est prête ? demanda Emily à son frère.

C'était vendredi soir, et ils se préparaient au dernier entraînement.

– C'est demain qu'on pourra le dire. Elle a très bien travaillé avec nous, mais on ne sait pas comment elle réagira sur un parcours différent et avec tous ces gens autour.

Emily regarda Neil emmener Dotty pour un dernier tour des obstacles qu'ils avaient installés dans le pré. La jeune chienne franchit chacun d'eux avec une facilité étonnante.

– Elle a réussi ! s'écria la petite fille. Elle a tout fait parfaitement, et en moins de temps que d'habitude !

– Bravo, ma jolie Dotty ! dit Neil en caressant la chienne. Je savais que tu en étais capable.

Ravie, Dotty lui lécha consciencieusement le visage. Quand Neil releva la tête, il aperçut son père et Kate, qui les regardaient de loin.

– Qu'est-ce que tu en penses, papa ? lui cria-t-il.

– Superbe ! Tous les deux ! Vous tous, d'ailleurs !

– Je vais lui faire faire un dernier tour, annonça Neil.

Pour sa plus grande satisfaction, Dotty accomplit un nouveau sans-faute et se fit applaudir frénétiquement par son public.

– Vous croyez qu'elle peut gagner? demanda Emily.
– Ça dépend des autres concurrents. Je voudrais seulement qu'elle fasse un tour complet sans être éliminée et sans ramasser trop de pénalités. Ce serait déjà très bien. Et ça prouverait aux Hamley que Dotty peut être vraiment obéissante.

De retour au chenil, ils tombèrent sur M. et Mme Timms, venus récupérer Pita. Elle s'était très bien accoutumée à sa vie à King Street, mais retrouver ses maîtres la mit dans une joie indescriptible. Inlassablement, comme un ressort, elle bondissait devant eux en remuant la queue et en jappant d'excitation.
– Bonjour, ma poupée! lui dit Alice Timms, tout aussi heureuse qu'elle de la retrouver. Tu sais que tu nous as manqué?

– Regarde comme elle est contente de nous voir ! s'extasiait Joe.

Tous deux furent surpris de trouver dans son panier le vieux pull vert de Mme Timms. Alors, Carole Parker leur expliqua ce qui s'était passé.

– Nous vous remercions sincèrement de vous être si bien occupés d'elle, lui dit Mme Timms. Je n'aurais jamais cru que Pita puisse se mettre dans un état pareil après notre départ.

Neil serra longuement la chienne dans ses bras avant de la laisser monter dans la voiture de ses maîtres.

En retournant vers la maison, Neil et sa mère entendirent la sonnerie du téléphone. Mme Parker s'empressa de répondre. À son expression, Neil comprit qu'il se passait quelque chose d'important.

– Qu'est-ce qu'il y a, maman ?

– C'était M. Hamley. Il a trouvé un

nouveau maître pour Dotty ; un ancien ami de l'université, qui vit à Londres.

« À Londres ! songea Neil avec horreur. C'est affreusement loin ! » Jamais il ne reverrait Dotty !

Tout dépendait du concours maintenant. C'était la seule chance de convaincre M. Hamley de garder sa chienne.

19

– Tu as vu tous ces gens? demanda Emily alors qu'ils passaient le portail du pré déjà bourré de monde.

Ils étaient arrivés un peu plus tôt pour que Neil et Dotty puissent repérer le parcours. Le temps s'annonçait très beau pour ce jour de fête.

– J'espère que Caramel ne m'en voudra pas de l'empêcher de dormir, dit Sarah, qui serrait contre elle la cage du hamster.

Tout allait se jouer aujourd'hui. Neil était

si anxieux qu'il en avait une boule au creux de l'estomac.

– J'espère qu'on ne rencontrera pas les Hamley avant le concours des chiens ! dit-il. Leur présence pourrait troubler Dotty.

– Ne t'en fais pas, le rassura son père. Les chevaux qu'ils viennent voir ne passeront que tard dans la matinée.

Dotty, excitée par la foule et le bruit qui l'entouraient, se mit à tirer sur sa laisse. Mais lorsque Neil lui ordonna de venir au pied, elle se remit à marcher sagement à côté de lui.

– Bonne fille, la félicita-t-il en lui caressant la tête.

– On devrait se diriger vers la piste, suggéra alors son père.

– Et moi, j'accompagne Sarah pour présenter Caramel au concours de l'animal le plus intelligent, annonça Carole Parker.

– À tout à l'heure, dit son mari. Et bonne chance, Sarah !

– Bonne chance, Bubulle ! lui lancèrent en même temps Neil et Emily.

Comme ils débouchaient devant le terrain où devait se dérouler le concours des chiens, Neil crut défaillir. Les obstacles étaient bien plus hauts que ceux sur lesquels ils avaient entraîné Dotty et le parcours semblait beaucoup plus compliqué.

Il était trop tard pour faire marche arrière. Le chef de piste vérifia sur sa liste l'inscription de Dotty. À cause de son âge et de celui de Neil, il décida de les faire concourir dans la catégorie juniors, dont le parcours serait simplifié et le temps accordé un peu plus long.

Neil suivit l'homme sur le terrain, où attendaient déjà d'autres concurrents.

Tandis qu'ils découvraient le parcours, le chef de piste leur rappela les règles de base, les fautes qui coûtaient des points de pénalité ou une élimination pure et simple. « L'entraînement de Dotty à King Street a l'air d'un jeu à côté de tout cela », songea Neil avec appréhension.

Au fur et à mesure qu'il découvrait le parcours, Neil sentait sa bouche se dessécher. Quelle idée folle ils avaient eue de lancer Dotty dans une telle galère !

– … Et le temps imparti pour les juniors est de soixante secondes, acheva le chef de piste.

Soixante secondes ! Neil faillit s'effondrer. Autant retirer tout de suite Dotty de la compétition. Cela lui éviterait l'humiliation de la voir saboter le parcours !

20

Neil rejoignit son père et Emily au bord de la piste.

– Eh bien, qu'est-ce que tu as ? demanda Bob en découvrant le visage blême de son fils.

– Si j'avais su que ce serait ça, je n'aurais pas lancé la pauvre Dotty là-dedans ! Jamais elle ne fera le tour complet dans les temps… sans parler des dégâts qu'elle risque de causer.

– Ne désespère pas avant d'avoir

commencé, Neil, lui dit son père. C'est la première fois pour vous deux, ne l'oublie pas. Dotty doit faire ses preuves et, toi, tu as besoin d'acquérir un peu d'expérience pour aider Sam, plus tard. Si tu as envie de continuer, par la suite…

– Bien sûr que j'ai envie !

– Alors, fais de ton mieux et laisse Dotty faire de son mieux aussi ! La compétition ne commence pas avant une heure. En attendant, on peut rejoindre Sarah et maman.

Ils arrivèrent juste à temps pour voir leur hamster se faire remettre le ruban du deuxième prix. Sarah était aux anges.

– Il a été parfait ! glapit-elle, surexcitée. Il a fait tout ce que je lui ai demandé. Et ce perroquet, s'il a gagné, c'est juste parce qu'il savait parler !

La famille rejoignit le parcours des chiens.

– Oh, regardez celui-là ! s'écria soudain

Sarah en montrant un colley qui contournait la piste au triple galop.

L'animal prenait des obstacles au hasard et semblait inviter sa maîtresse à jouer avec lui. Puis il continua sa course folle pour la plus grande joie du public.

Quand il se laissa enfin attraper, la foule cria et applaudit à tout rompre. C'était tellement sympathique de voir un clown au milieu de tous ces professionnels si sérieux ! Neil se demanda d'ailleurs si Dotty n'allait pas lui faire la même blague.

Enfin, on annonça le début de la compétition juniors. Les Hamley n'étaient toujours pas là. Et s'ils ne voyaient pas Dotty faire sa course ?

– Je suis sûr qu'ils vont venir, déclara Bob, confiant.

En secret, Neil espérait, lui, qu'ils n'arriveraient jamais… pour ne pas assister à la catastrophe qu'il redoutait.

Le premier à pénétrer sur la piste fut un

labrador noir qui accomplit un tour sans faute en soixante-deux secondes. Puis, très vite, le haut-parleur annonça :

– Et maintenant, veuillez applaudir Neil Parker, du chenil de King Street, avec son dalmatien, Dotty, de la Compagnie des chiens !

– Bonne chance, Neil, lui dit sa sœur en le gratifiant d'une tape dans le dos.

Puis, le coup de sifflet retentit, et Neil lâcha Dotty.

Elle passa le premier obstacle sans problème.

– C'est bien, ma fille ! lui lança Neil en courant à côté.

Puis ce fut la rampe, en haut de laquelle Dotty était censée poser la patte sur un carré peint en jaune.

– Bravo, Dotty, continue !

Le tunnel, maintenant. On entre et on en sort aussi vite !

– Super, Dotty ! Vas-y !

Un deuxième saut, puis la balance, et un autre carré jaune à toucher de la patte. Le slalom, à présent. Surtout ne pas faire tomber de piquet !

– Attention, attention, ma belle !

Neil entendait la foule leur hurler des encouragements, mais il ne lâchait pas Dotty des yeux. Malgré sa nervosité, il était heureux de constater qu'elle s'amusait réellement à montrer ce qu'elle savait faire. Même les haut-parleurs ne l'effrayaient pas !

Combien de pénalités avait-elle déjà ? Avaient-ils fait une erreur de parcours ? Étaient-ils dans les temps ? Neil ignorait tout cela. Il ne désirait qu'une chose : faire le tour complet sans trop de dégâts. La table basse était le dernier obstacle à franchir.

C'est alors que, comme dans un cauchemar au ralenti, Neil vit Dotty tourner la tête vers la foule, et, avant qu'il puisse lui hurler de continuer, s'envoler littéralement pour galoper vers le public. Des cris de déception montèrent de l'assistance.

– On dirait que notre petite Dotty a décidé de se faire la belle ! commenta la voix dans le haut-parleur. Quel dommage, après ce beau parcours !

Neil l'appelait désespérément, mais Dotty l'ignora. Elle savait parfaitement où elle allait. Aboyant de joie, elle s'arrêta devant un groupe de gens au bord de la piste, puis sauta au cou d'une jolie jeune femme brune qui, de toute évidence, attendait un bébé. Quant à l'homme à côté d'elle, il semblait tout aussi ravi de voir Dotty.

Les Hamley ! Neil aurait dû s'en douter.

21

– Bonjour, monsieur, lâcha Neil, affreusement embarrassé, en rejoignant son professeur. Je suis désolé…

– Bonjour, Neil. Viens que je te présente à ma femme, Rachel. Tu n'as pas à être désolé. Je savais que Dotty était capable de ce genre de comportement, c'est pourquoi nous avons essayé de ne pas trop nous montrer. Mais nous n'avons pas pris assez de précautions, visiblement.

– En revanche, intervint Rachel Hamley,

nous avons vu ce que Dotty savait faire ! Elle semblait s'amuser comme une folle.

– C'est vrai, reconnut Neil. C'est moi qui avais peur…

– Je n'en suis pas du tout surpris, dit M. Hamley en souriant. Ce parcours m'a paru terrible. Tu as fait un travail impressionnant avec notre chienne.

Une pointe d'espoir surgit dans le cœur de Neil. Il regarda M. Hamley avec des yeux suppliants. Sentant qu'il se passait quelque chose, Dotty se leva et plaqua ses pattes avant sur les épaules de son maître.

– Non, Dotty, assise ! lui ordonna-t-il.

Et là, sous son regard stupéfait, Dotty s'assit à ses pieds, la langue pendante et la queue balayant le sol.

Plus tard, à la buvette, Bob Parker raconta toute l'histoire aux Hamley, leur confiant que ses enfants étaient très inquiets à l'idée de voir Dotty partir chez d'autres maîtres.

– C'est bien ce que je pensais, leur avoua Paul Hamley. Je ne connais pas Neil depuis longtemps, mais j'ai compris que les chiens étaient toute sa vie et qu'il s'était attaché à Dotty. Je me doutais qu'il ferait tout pour que Rachel et moi la gardions avec nous.

Neil se sentit rougir.

– Nous sommes ravis que Dotty soit devenue aussi obéissante, poursuivit M. Hamley, mais notre décision est prise. Mon ami Robert vient la chercher demain. Ainsi vous pourrez lui donner tous les conseils nécessaires pour continuer son éducation.

Le plan de Neil et d'Emily avait donc échoué. Neil baissa la tête pour cacher ses larmes.

22

Jamais Neil n'avait été aussi malheureux. La fête était terminée pour lui et Dotty. Il ne désirait plus qu'une chose : rentrer à King Street et profiter des derniers instants qu'il passerait avec elle. Il savait qu'il ne la reverrait sans doute jamais.

– Tu as fait de ton mieux, Neil, lui dit son père en lui passant un bras autour du cou. Ce n'est pas ta faute si cela n'a pas marché.

Soudain, quelqu'un fondit sur eux et les

bouscula avant de s'enfuir en courant.
– Au voleur ! hurla une femme. Arrêtez-le ! Il m'a pris mon sac !
Neil se retourna. Un jeune homme se ruait vers la sortie, un sac noir coincé sous le bras.
– Au voleur ! criait la femme d'une voix hystérique.
Quelques hommes se précipitèrent, mais le malfaiteur courait vite. Soudain, Neil entendit derrière lui la voix d'Emily :
– Attrape le ballon, Sam ! Vas-y, attrape !
Tel un éclair, Sam se lança aux trousses de « l'homme au ballon ». Emily le suivit aussi vite qu'elle put en l'encourageant, suivie de près par Neil et Dotty, qui aboyait de toutes ses forces.
Sam courut parmi la foule, ignorant les cris et les appels autour de lui, occupé à poursuivre sa proie.
Le voleur jeta un bref regard par-dessus son épaule. La panique le saisit quand il

vit le colley. Il redoubla de vitesse pour franchir le portillon menant sur le parking avant de le refermer violemment derrière lui.

Sam prit son élan…

Derrière lui, Neil, hors d'haleine, sentait ses poumons brûler. Avec Dotty ils avaient dépassé Emily, bloquée dans la foule. Il arriva juste à temps pour voir Sam s'envoler au-dessus du portail et atterrir pile devant le voleur.

Surpris, celui-ci trébucha sur le chien et s'affala de tout son long. Sam en profita pour attraper le « ballon » que l'autre venait de lâcher.

Ensuite, il fit demi-tour, sauta le portail dans l'autre sens et courut à la rencontre de Neil. Il lâcha le sac à ses pieds, recula et aboya comme s'il voulait continuer de jouer.

Dotty bondissait autour de lui, essayant d'attraper elle aussi le « ballon ».

Heureusement, Emily surgit à cet instant. Elle saisit le sac avant qu'il ne soit déchiqueté par les crocs des chiens.

Le voleur, à moitié étourdi, se releva tant bien que mal et tenta d'échapper aux deux gardes qui arrivaient à la rescousse. Dotty se rua à leur suite et sauta, comme à son habitude, au cou du jeune homme, qu'elle déséquilibra.

Les vigiles n'eurent aucun mal à le capturer.

Neil s'agenouilla devant les deux chiens et les félicita chaleureusement.

Emily rendit son sac à la dame, qui les rejoignait enfin, tout essoufflée mais ravie.

– Oh, merci ! Merci, mademoiselle ! Quels chiens merveilleux vous avez ! Quand mon mari saura ça… !

Elle se mit à caresser Sam et Dotty qui, devant tant d'effusions, remuaient la queue de plaisir.

Autour d'eux s'était amassée une petite foule, et Neil explosait de fierté. Il vit ses parents et Sarah se précipiter vers eux.

– Bravo, tous les deux ! s'exclama Bob Parker. Vous avez eu un excellent réflexe. Et bravo à toi, mon beau Sam ! Tu as été magnifique !

– Dotty aussi a été super, précisa Neil. Elle a sauté sur le voleur au moment où il voulait s'échapper et elle l'a fait tomber.

Attirés par l'agitation qui régnait devant le parking, les Hamley arrivèrent à leur tour et se firent raconter l'aventure.

– Cela ne m'étonne pas de Dotty, observa Rachel. Et cela confirme ce que nous disions, Paul et moi, en repensant au superbe travail que Neil avait obtenu d'elle sur le parcours.

– Ça veut dire que… ? balbutia Neil avec espoir.

– Oui, tu as compris, Neil, dit Paul Hamley. Tout à l'heure, en retrouvant

Dotty, nous nous sommes rendu compte qu'elle nous manquait autant que nous lui manquions. Et nous avons vu qu'il était parfaitement possible de la contrôler. Nous avons décidé que sa place était auprès de nous.

– C'est vrai ? Vous voulez bien la garder ? s'exclama Emily.

Des larmes de bonheur remplirent les yeux de Neil. Les mots restaient coincés dans sa gorge.

– Oui. Ce serait trop triste de nous en séparer. Qu'en dis-tu, ma petite Dotty ? Tu veux rester avec nous ?

La chienne remuait la queue si fort que Neil crut un instant qu'elle allait la perdre.

À ce moment-là, il y eut un remue-ménage dans la foule des badauds et l'on entendit un homme demander :

– Où est le chien qui a récupéré le sac de ma femme ?

Devant eux apparut un homme âgé, assez grand, vêtu d'un costume sombre. Quand on lui eut présenté les deux enfants des Parker, un sourire éclaira son visage sévère et il leur tendit la main.

– Vous avez des chiens magnifiques. Qui donc est le héros de l'affaire ?

– C'est Sam, monsieur, lui dit Neil. Il a poursuivi le voleur et nous a rapporté le sac.

– Eh bien, me voilà plein d'admiration pour lui. Et, pour vous montrer ma reconnaissance, je le décore de cette rosette.

De sa poche, il sortit un ruban de satin rouge qu'il fixa au collier de Sam. En bon chien, Sam lui donna sa patte. Le vieux monsieur la serra cérémonieusement.

– Je te félicite, Sam, pour ton courage et ton habileté.

23

Le lendemain matin, M. Hamley arriva de bonne heure au chenil. Avant de ramener Dotty chez lui, il écoutait attentivement les conseils de Bob Parker.

– Elle est très jeune, ne l'oubliez pas. Elle a encore beaucoup à apprendre. Et sachez qu'en grandissant, elle se calmera.

– Je vous crois volontiers, Bob, dit M. Hamley avant de se tourner vers Dotty. Allez, viens, ma fille. Il est temps de rentrer à la maison.

Mais à peine se fut-il éloigné qu'il se retourna et ajouta :

– Oh, au fait ! Neil, je serais heureux de ramener Dotty au chenil pour qu'elle travaille de temps en temps avec toi. Si tu es d'accord, bien sûr…

– Oh, c'est génial, M. Hamley ! Vous parlez sérieusement ?

– Très sérieusement ! Et merci encore pour tout !

Sam assis sagement à leurs pieds, Neil et son père firent un dernier signe de la main à Dotty.

– Un de ces jours, dit M. Parker à son fils, tu finiras par prendre ma place !

– Neil, il y a une lettre pour toi ! annonça ce matin-là Carole Parker.

Le garçon dévala l'escalier et se jeta sur l'enveloppe à l'aspect très officiel qui l'attendait sur la table de la cuisine. Après l'avoir déchirée d'une main fébrile, il en sortit une feuille verte où il put lire :

Club canin national
Certificat d'enregistrement pour :
Neilsboy Sam de la Compagnie des chiens
Propriétaire : Neil Parker.

– Ils l'ont gardé ! s'écria-t-il en bondissant de joie devant sa famille interloquée. Ils ont gardé le nom que j'avais choisi ! C'est géant ! Viens voir, Sam !
Sam accourut si vite qu'il dérapa sur le carrelage.
– Regarde ! dit Neil en brandissant le papier magique devant sa truffe. Tu es officiellement inscrit au Club canin. Tu peux participer à tous les concours que tu veux, à présent !
Comme il ouvrait les bras pour l'accueillir, Sam posa les pattes avant sur ses

épaules et lui lécha affectueusement le visage.

– Neilsboy Sam de la Compagnie des chiens ! Le nom d'un champion. Demain, le monde entier t'applaudira !

FIN

AVIS AUX LECTEURS

Toi aussi, tu aimes beaucoup les animaux ?
Tu peux en parler à Jenny Dale
en lui écrivant à
Bayard Éditions Jeunesse
Jenny Dale - Série SOS Animaux
3, rue Bayard
75008 Paris

SPÉCIAL CHIENS
S.O.S. ANIMAUX

Neil a réussi à éduquer Dotty.
Saura-t-il s'occuper de Ben, le gentil chien
qui dérange beaucoup ses voisins?
Tu le sauras en te procurant le n° 102
de la collection

GROS BEN CHERCHE UN COPAIN

en vente chez ton libraire
en juin 2000.

Imprimé en R.F.A. par Clausen & Bosse
Dépôt légal: Avril 2000
N° d'Éditeur: 6047 – N° d'impression: 1348X